essentials

essentials liefern aktuelles Wissen in konzentrierter Form. Die Essenz dessen, worauf es als „State-of-the-Art" in der gegenwärtigen Fachdiskussion oder in der Praxis ankommt. *essentials* informieren schnell, unkompliziert und verständlich

- als Einführung in ein aktuelles Thema aus Ihrem Fachgebiet
- als Einstieg in ein für Sie noch unbekanntes Themenfeld
- als Einblick, um zum Thema mitreden zu können

Die Bücher in elektronischer und gedruckter Form bringen das Expertenwissen von Springer-Fachautoren kompakt zur Darstellung. Sie sind besonders für die Nutzung als eBook auf Tablet-PCs, eBook-Readern und Smartphones geeignet. *essentials:* Wissensbausteine aus den Wirtschafts-, Sozial- und Geisteswissenschaften, aus Technik und Naturwissenschaften sowie aus Medizin, Psychologie und Gesundheitsberufen. Von renommierten Autoren aller Springer-Verlagsmarken.

Weitere Bände in der Reihe http://www.springer.com/series/13088

Martin Sturmer

Corporate Influencer

Mitarbeiter als Markenbotschafter

Martin Sturmer
Salzburg, Österreich

ISSN 2197-6708   ISSN 2197-6716   (electronic)
essentials
ISBN 978-3-658-27869-4   ISBN 978-3-658-27870-0   (eBook)
https://doi.org/10.1007/978-3-658-27870-0

Die Deutsche Nationalbibliothek verzeichnet diese Publikation in der Deutschen Nationalbibliografie; detaillierte bibliografische Daten sind im Internet über http://dnb.d-nb.de abrufbar.

Springer Gabler

Springer Gabler ist ein Imprint der eingetragenen Gesellschaft Springer Fachmedien Wiesbaden GmbH und ist ein Teil von Springer Nature.
Die Anschrift der Gesellschaft ist: Abraham-Lincoln-Str. 46, 65189 Wiesbaden, Germany

Was Sie in diesem *essential* finden können

- Die wachsende Bedeutung von Mitarbeitern als Markenbotschafter
- Wissen, Wollen, Können: Wie markenkonformes Verhalten möglich wird
- Die wichtigsten Tools für Employee Advocacy
- Von Rockstars und Thought Leaders: Typologie von Corporate Influencern
- Organisation von Corporate-Influencer-Programmen

Inhaltsverzeichnis

Über den Autor

Dr. Martin Sturmer ist selbstständiger PR- und Marketingberater in Salzburg. Er hat mehrere Bücher zu Medien- und Kommunikationsthemen veröffentlicht und lehrt an der Fachhochschule Salzburg.

Franz-Josef-Straße 19
5020 Salzburg
Tel. +43 699 1135 33 99
martin@sturmer.at
https://sturmer.at

Einleitung 1

Das Beispiel verdeutlicht den Paradigmenwechsel: Am 5. März 2019 startete IKEA Deutschland das YouTube-Format „IKEA Tipps & Tricks". Darin geben Mitarbeiterinnen und Mitarbeiter des schwedischen Möbelriesen wertvolle Einrichtungstipps. Jeden Dienstag um 15.00 Uhr zeigen sich die Interieur-Designer Sandra Schwertfeger, Konrad Pichlmeier und Michael Haas so, wie sie sind: ungeschminkt, authentisch, kreativ.

Dass die Videoplattform für IKEA ein idealer Kanal ist, scheint unbestritten: Sie dient vielen Menschen als Inspirationsquelle und verfügt über einen hohen Anteil junger Nutzer. Noch vor zwei Jahren hat das Möbelhaus allerdings auf klassische Influencer gesetzt, wie etwa AlexiBexi, Sara Desideria, Klein aber Hannah und Max Oberüber. Mittlerweile wurden die Netzpromis aber von Markenbotschaftern aus dem eigenen Unternehmen abgelöst.

IKEA Deutschland ist längst keine Ausnahme mehr: Laut dem „Trendreport 2019" der dpa-Tochter „news aktuell" (2019, S. 6) setzen bereits **49 % der deutschen Unternehmen auf Corporate Influencer.** Einige davon haben sich mit starken Auftritten einen Namen gemacht: Magdalena Rogl (Microsoft), Stephanie Tönjes (Deutsche Telekom), Sascha Pallenberg (Daimler), Stefan Keuchel (Tesla) und Pawel Dillinger (Deutsche Telekom) sind auf Twitter zu einem wichtigen Sprachrohr ihres Unternehmens geworden. Aber auch Manuel Gerres (Deutsche Bahn), Nick Marten (OTTO) und Marc Wagner (Detecon) machen immer häufiger von sich reden.

Warum rücken Markenbotschafter aus den eigenen Reihen immer mehr in den Vordergrund? Einer der Hauptgründe liegt in der **Glaubwürdigkeit,** die als Achillesferse des herkömmlichen Influencer Marketings gilt. Viele Menschen stehen den Empfehlungen von Social-Media-Stars zunehmend mit Skepsis gegenüber und identifizieren deren Botschaften mit Werbung. Laut einer Umfrage von

© Springer Fachmedien Wiesbaden GmbH, ein Teil von Springer Nature 2020
M. Sturmer, *Corporate Influencer,* essentials,
https://doi.org/10.1007/978-3-658-27870-0_1

„Mindline Media" für Horizont haben nur sieben Prozent der Deutschen Vertrauen in Influencer (Hein 2018).

Bei manchem Auftraggeber hat sich indes Ernüchterung wegen der bescheidenen Resultate von Influencer-Kampagnen breitgemacht. So hat etwa A&O, die größte private Hostel-Kette in Europa, im Frühherbst 2018 das Thema Influencer Marketing auf Eis gelegt. Das Fazit von Thomas Hertkorn, Head of Online Marketing, fiel vernichtend aus: „Grundsätzlich arbeiten wir mit einem datengetriebenen Attributionsmodell und konnten in keinem der Modelle auch nur ansatzweise direkte Erfolge verzeichnen" (Rentz 2018).

Allerdings soll an dieser Stelle nicht verschwiegen werden, dass eine BVWD-Studie die andere Seite der Medaille zeigt: Demnach wurde jeder fünfte Befragte zur Auswahl einer Marke bzw. zum Kauf eines Produkts durch einen Influencer inspiriert (BVWD 2019, S. 8).

Klar ist aber: In puncto **Vertrauen** ist das eigene Personal externen Influencern überlegen. Laut dem „Edelman Trust Barometer" (2019, S. 32) halten 53 % normale Mitarbeiter bei Angaben über den Arbeitgeber für eine glaubwürdige Quelle.

Für Esch et al. (2014, S. 10 f.) sind Mitarbeiter die wichtigsten Botschafter einer Marke überhaupt: „Die unvergesslichsten Erlebnisse mit einer Marke werden durch den aktiven Einsatz und das Engagement der Mitarbeiter geschaffen."

Und noch ein weiterer Aspekt beflügelt das Thema Corporate Influencer: Die **organische Reichweite von Social Media sinkt** – bei Facebook-Seiten von 16,5 % im Jahr 2012 auf mittlerweile unter zwei Prozent (Bernazzani 2018). Hinter dieser Entwicklung stecken einerseits wirtschaftliche Motive von Facebook: Firmen sollen für Reichweite bezahlen. Andererseits hat Facebook auf Kritik von Usern reagiert, die sich zunehmend über irrelevante Inhalte in ihrer Timeline beschwerten. Mark Zuckerberg hat daher Anfang 2018 angekündigt, dass die Plattform die Kommunikation zwischen „Menschen, die einander nahestehen", stärker in den Vordergrund rücken will (Zuckerberg 2018). Auch LinkedIn schraubt fleißig an seinem Algorithmus: Inhalte von „People You Know, Talking About Things You Care About" werden im LinkedIn Feed vorgereiht (Davies 2019).

Dazu kommt die Tatsache, dass persönliche Profile deutlich mehr **Interaktionen** erzielen als Marken-Accounts. Selbst aufwendig gemachte Corporate-Inhalte bleiben häufig hinter den Erwartungen zurück und werden kaum abonniert oder geteilt. Der Münchner Content-Marketing-Berater Klaus Eck (2019b) spricht von einem „Matching-Problem": Corporate Content sei zu abstrakt und zu unpersönlich, um die gewünschte Reichweite zu erzielen.

Ganz anders sieht es aus, wenn Mitarbeiter ihre Accounts für die Unternehmenskommunikation nutzen: Christine Bailey, eine weltweit führende Expertin im B2B-Marketing, hat in ihrem Cisco-Blog ein interessantes Rechenbeispiel aufgestellt. Darin berief sie sich auf eine Untersuchung, in der Postings von Mitarbeitern achtfach höhere Interaktionsraten erzielten als jene der offiziellen Unternehmensseite. Ihrer Berechnung nach könnten 135 Mitarbeiter auf Facebook eine höhere Reichweite erzielen als die Unternehmensseite mit einer Million Follower (Bailey 2015).

Solche Zahlenspielereien haben freilich nur eine bedingte Aussagekraft, da sie auf idealen Voraussetzungen beruhen. Interaktion ist nicht nur eine Frage des Kommunikators, sondern auch des Themas, seiner Aufbereitung und des Vernetzungsgrads. So funktionieren Inhalte, die Gefühle ansprechen, bekanntlich deutlich besser als sachliche Darstellungen.

> ► Unbestritten bleibt allerdings: Menschen kommunizieren lieber mit anderen Menschen als mit anonymen Logos.

Die Beraterin Kerstin Hoffmann (2017, S. 13 f.) fasst in ihrem Buch „Lotsen in der Informationsflut" **die wichtigsten Vorteile von internen Markenbotschaftern** wie folgt zusammen:

- Stärkere Sichtbarkeit
- Gesteigerte Glaubwürdigkeit
- Interessantere Inhalte
- Größere Nähe zu Stakeholdern
- Direkte Schnittstellen in die Öffentlichkeit
- Stärkere Kunden-Marken-Bindung
- Vorsprung am Arbeitsmarkt
- Gesteigerte Mitarbeitermotivation
- Informationsvorsprung
- Vorbeugung für Krisenfälle

Für Markenbotschafter aus dem eigenen Unternehmen hat sich der Begriff „Corporate Influencer" eingebürgert, in Fachkreisen wird eher von „Employee Advocacy" gesprochen. Was sind nun eigentlich Corporate Influencer?

> ► Meine **Definition** des Begriffs lautet wie folgt: „Corporate Influencer sind Mitarbeiter, die in ihren eigenen digitalen Kanälen Unter-

nehmensthemen kommunizieren, um die Erreichung der betrieblichen Ziele zu unterstützen."

Um den Vorgaben dieser Definition bestmöglich gerecht zu werden, müssen Unternehmen ein Corporate-Influencer-Programm ins Leben rufen. Das ist keine einfache Angelegenheit, sondern ein **Change-Projekt** mit hoher sozialer Komplexität. Denn um wirksame Botschaften an die Zielgruppe kommunizieren zu können, müssen alle Abteilungen an einem Strang ziehen.

Scott Keller und Colin Price (2011) zeigen aber, dass solche Change-Projekte häufig zum Scheitern verurteilt sind. Zu 72 % geht das auf das Konto von internen Widerständen durch Mitarbeiter oder von fehlender Unterstützung durch das Management (Keller und Price 2011, S. 23).

Mit diesem *essential* möchte ich Entscheidungsträgern einen raschen Einstieg in das Thema Corporate Influencer bieten. Es soll Ihnen dabei helfen, einen ersten Eindruck über eine Aufgabe zu erhalten, die an Bedeutung gewinnen wird.

> ▶ Denn so viel ist sicher: Corporate Influencer werden für die unternehmerische Kommunikation unverzichtbar. Da gehe ich jede Wette ein.

Markenkonformes Verhalten 2

Der junge Mann wäre vermutlich am liebsten im Boden versunken. Er war im Sommer 2015 zwei Monate lang als Aushilfskraft im Social Media Team von „Drei Österreich" engagiert. Ende Juli kam es im Raum Salzburg zu einer Netzstörung, die zum Ausfall des mobilen Internets führte.

Jochen Hencke, der damals Social Media Manager bei der Salzburger Brauerei Stiegl war, wollte via Facebook den Grund für das Problem wissen. Die Antwort ließ auf sich warten – 14 h lang. Hencke hakte nochmals nach und fragte, ob man nicht früher hätte reagieren können. Dem bedauernswerten jungen Mann im Service-Team platzte daraufhin der Kragen, und er ging auf der Facebook-Seite von „Drei Österreich" zum Gegenangriff über:

> „Lol.. der Jochen..schimpft hier so rum dabei hat er auf der Seite von Stiegl, wo er anscheinend tätig ist, einen Kommentar der vor 21 Stunden gemacht wurde vor 9 Stunden geantwortet. Auf einen Kommentar. Das wäre ich lieber ganz ruhig was Servicezeiten angeht. Zudem wird dort nicht einmal auf jeden Post etwas geschrieben..da hat sich wohl jemand noch viel eher sich nen Stiegl gegönnt." (Hencke 2015)

Ein solches „Beschwerdemanagement" lässt einen etwas ratlos zurück. Auch wenn sich „Drei Österreich" später für den jungen Mannes entschuldigte, färbte dessen Fehlverhalten unweigerlich auf das Unternehmen ab. Das Bespiel macht deutlich: Das Verhalten von Mitarbeitern hat einen prägenden Einfluss auf das Markenbild der Konsumenten (Wentzel et al. 2012, S. 83). **Jeder einzelne Mitarbeiter wird damit zum Markenbotschafter – ob er will oder nicht.**

Unternehmen müssen sich also mit Fragen auseinandersetzen, wie markenkonformes Verhalten von Mitarbeitern unterstützt werden kann. Die Disziplin, die sich damit beschäftigt, heißt **„Behavioral Branding"**. Dahinter steht das

© Springer Fachmedien Wiesbaden GmbH, ein Teil von Springer Nature 2020   5
M. Sturmer, *Corporate Influencer,* essentials,
https://doi.org/10.1007/978-3-658-27870-0_2

Verständnis, dass Marken nicht nur durch Produkte, Dienstleistungen und Marketing aufgebaut werden, sondern auch durch das Verhalten aller Mitarbeiter und Führungskräfte (Kernstock 2012, S. 6).

Behavioral Branding findet folglich in jedem Unternehmen statt. Das Verhalten des Personals wirkt unmittelbar auf den Markenkern. Wentzel et al. (2012) haben Brand Behavior aus der Perspektive des einzelnen Mitarbeiters untersucht. Sie gingen dabei der Frage nach, wie markenkonformes Verhalten entsteht und welche physischen und psychischen Dispositionen für Team-Mitglieder notwendig sind (Wentzel et al. 2012, S. 83).

> In ihrem Modell nennen sie drei wesentliche Voraussetzungen für markenkonformes Verhalten:
>
> - **Wissen:** Der Mitarbeiter muss verstehen, wofür die Marke steht und wie sein Verhalten zur Markenbildung beiträgt.
> - **Wollen:** Der Mitarbeiter muss ein gewisses Ausmaß an Commitment für das Unternehmen an den Tag legen.
> - **Können:** Der Mitarbeiter muss die richtigen Fähigkeiten besitzen, um die Markenwerte an die Stakeholder kommunizieren zu können.

Erst wenn ein Mitarbeiter das notwendige Wissen besitzt, ein ausreichendes Commitment aufweist und über die entsprechenden Fähigkeiten verfügt, wird markenkonformes Verhalten möglich (Wentzel et al. 2012, S. 89).

Aus meiner eigenen Beratungstätigkeit weiß ich, dass es vor allem bei den ersten beiden Punkten klemmt. In vielen Unternehmen wird versäumt, die Markenidentität entsprechend zu kommunizieren und Maßnahmen zur Verbesserung des Engagements zu setzen. Stattdessen schicken etliche Entscheidungsträger ihre Mitarbeiter lieber ins nächste Social-Media-Seminar. Dass ein solches aber eine funktionierende Unternehmenskultur nicht ersetzen kann, wird Ihnen bereits klar sein.

2.1 Wissen

Das Wissen über die Markenidentität – also das Selbstbild eines Unternehmens über seine Marke – wird häufig nur unzureichend vermittelt. Außerdem passiert es leider gar nicht so selten, dass Entscheidungsträger die eigene Markenidentität falsch einschätzen bzw. eine unklare Linie verfolgen.

Welche Merkmale der Markenidentität müssen Mitarbeiter zwingend kennen, um erfolgreich als Markenbotschafter agieren zu können? In Anlehnung an Franz-Rudolf Esch (2016) lauten diese:

- **Mission:** Warum gibt es unser Unternehmen und was treibt uns an?
- **Werte:** Wofür stehen wir ein?
- **Vision:** Was wollen wir erreichen?
- **Positionierung:** Was können wir richtig gut? Wie heben wir uns ab?
- **Zielgruppen:** Wen wollen wir erreichen?

Mission: Der Stern am Horizont

Die Mission ist die Daseinsberechtigung eines Unternehmens. Sie fungiert als „Stern am Horizont" (Esch 2016, S. 51), an dem sich die Mitarbeiter zwar orientieren können, den sie aber nie erreichen werden.

Die Mission wird als kurzer und einprägsamer Leitsatz formuliert. Dieses Mission Statement sollte möglichst langlebig sein und aktuellen Trends standhalten können. Im Kern beantwortet es die Frage, warum es ein Unternehmen überhaupt gibt – kurz, prägnant und möglichst konkret.

Zu einem Klassiker ist etwa das Mission Statement von Google geworden: „Die Informationen dieser Welt organisieren und allgemein zugänglich und nutzbar machen." In diesem Satz steht nichts von einzelnen Google-Diensten wie Chrome, Gmail, Suche oder YouTube. Produkte und Dienstleistungen unterliegen dem Wandel der Zeit – ein gutes Mission Statement hingegen muss davon unabhängig funktionieren.

Die Macht der Werte

„Die neue Dimension des Marketings: Vom Kunden zum Menschen" heißt das Buch von Marketing-Papst Philip Kotler aus dem Jahr 2010. Der Autor spricht darin vom Aufstieg des werteorientierten Zeitalters, in dem Menschen nicht mehr länger als Verbraucher, sondern als Individuen mit Kopf, Herz und Seele verstanden werden. In einer chaotischen Welt würden Menschen zunehmend nach Unternehmen suchen, „deren Mission, Vision und Werte ihren ureigenen Bedürfnissen nach sozialer, wirtschaftlicher und ökologischer Gerechtigkeit entsprechen" (Kotler et al. 2010, S. 22).

Unternehmen brauchen heute Mut zur Haltung – auch auf die Gefahr hin, Andersdenkende vor den Kopf zu stoßen. Ein prominentes Beispiel dafür ist die Werbeaktion von Nike mit dem Football-Star **Colin Kaepernick** aus dem Herbst 2018. Der ehemalige Quarterback der San Francisco 49ers hatte gegen Polizeigewalt protestiert, indem er beim Abspielen der Nationalhymne kniete, statt aufrecht zu stehen. Er zog sich damit den Groll von US-Präsident Donald Trump zu, der von den NFL-Eigentümern forderte, protestierende Spieler zu feuern.

In der nachfolgenden Saison bekam Kaepernick keinen Vertrag mehr. Nike indes machte den ehemaligen Quarterback zum Werbeträger. Über einem in Schwarz-Weiß gehaltenen Sujet stand über Kaepernicks Konterfei der Schriftzug: „Glaube an etwas. Auch wenn es bedeutet, alles zu opfern."

▶ Als Unternehmen müssen Sie definieren, wofür Sie stehen. Wie beim Mission Statement geht es auch hier um Prägnanz, um die Merkfähigkeit bei allen Mitarbeitern zu gewährleisten: Drei bis fünf Grundsätze sind genug.

Vision

„Nur wer sein Ziel kennt, findet den Weg." Das bekannte Zitat des legendären chinesischen Philosophen Laozi ist vielleicht etwas abgedroschen, aber trotzdem nicht weniger richtig. Mitarbeiter, die nicht wissen, wofür sie arbeiten, werden keine guten Corporate Influencer werden.

„Die Vision ist eine Zukunftskreation, keine Zukunftsvorhersage!", stellt Franz-Rudolf Esch (2016, S. 88) klar. Die tatsächliche Erreichung ist nicht zwingend, die Mitarbeiter müssen aber zumindest daran glauben.

So begeisterte etwa die spektakuläre Gründungsvision von Bill Gates aus dem Jahre 1975 die frühen Microsoft-Mitarbeiter: „Ein Computer auf jedem Schreibtisch und in jedem Zuhause." Ein klare Ansage, die zumindest in Industrieländern längst zur Realität geworden ist.

Wenn das Mission Statement der Stern am Horizont ist, dann ist die Vision der Berggipfel, der erklommen werden soll, meint Esch (2016, S. 90).

Aus der Vision leiten sich die strategischen Ziele ab, die mittelfristig erreicht werden sollen. Von entscheidender Bedeutung ist, dass die Ziele realistisch, aber durchwegs ehrgeizig gesteckt werden. Keller und Price (2011, S. 50) fordern außerdem, dass bei der Formulierung von Zielen sowohl Fakten als auch Intuition berücksichtigt werden.

Die Ryddematta

Ein ausgezeichnetes Instrument für die Vereinigung von Fakten und Intuition bei der Definition von Zielen ist für mich die norwegische „Ryddematta". Das Verfahren durfte ich im Rahmen eines Seminars mit dem Friedensforscher Johan Galtung kennenlernen. „Ryddematta" lässt sich am treffendsten mit „Sortierungsmatte" übersetzen. Der Name kommt daher, weil die vier Felder in Abb. 2.1 auf dem Boden ausgelegt werden, damit sie in der richtigen Reihenfolge beschritten werden können.

Diese vier Felder heißen „Positive Zukunft", „Negative Vergangenheit", „Positive Vergangenheit" und „Negative Zukunft". Sie werden mit folgenden Fragestellungen verbunden:

Positive Zukunft:	Was ist der Idealzustand in einem Jahr?
Negative Vergangenheit:	Was ist im letzten Jahr schlecht gelaufen?
Positive Vergangenheit:	Was ist im letzten Jahr gut gelaufen?
Negative Zukunft:	Was ist der Worst Case in einem Jahr?

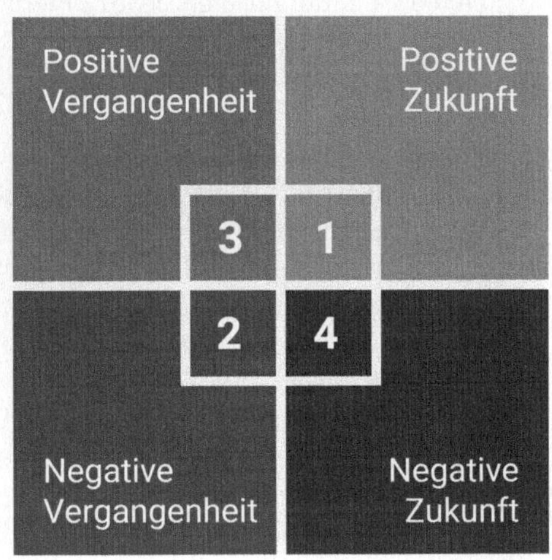

Abb. 2.1 Die „Ryddematta". (Quelle: Shutterstock.com, eigene Bearbeitung)

Die positiven Aspekte der Ryddematta dienen dazu, Motivation zu schöpfen. Die Konfrontation mit den negativen Aspekten lässt Sie mögliche Negativentwicklungen erkennen, die bei Zielvereinbarungen nur allzu oft vergessen werden.

▶   Die Ryddematta sollte von jedem Mitglied des Corporate-Influencer-Teams durchlaufen werden. Seien Sie dabei unbedingt ehrlich. Unrealistische Angaben bringen Sie nicht weiter.

Positionierung

Al Ries und Jack Trout erläutern in ihrem Klassiker „Positioning" aus dem Jahr 1981, worum es bei der Positionierung von Marken geht: um einen einzigartigen Platz für die eigene Marke in den Köpfen der Kunden (Ries und Trout 2012).

Positionierung bedeutet in erster Linie Fokus und Divergenz. Also: Auf welche Schwerpunkte konzentrieren wir uns? Und wodurch unterscheiden wir uns vom Mitbewerb? Jeder Corporate Influencer muss in der Lage sein, diese beiden Fragen ohne Zögern zu beantworten.

▶   **Tipp** Fokus und Divergenz sind die grundlegenden Stoßrichtungen in der Blue-Ocean-Strategie von W. Chan Kim und Renée Mauborgne (2016). Die Strategie unterstützt Sie dabei, durch Eliminierung, Reduktion, Steigerung und Kreation von Branchenfaktoren ein einzigartiges Angebot zu formulieren. Jedes Unternehmen, das sich ernsthaft mit seiner Positionierung beschäftigen will, sollte sich mit der Blue-Ocean-Strategie auseinandersetzen.

Zielgruppen

Corporate Influencer sollten sich ein möglichst realistisches Abbild von ihrer jeweiligen Zielgruppe machen können. Für Ihr Markenbotschafter-Programm können Sie dabei auf **Persona-Profile** zurückgreifen. Der Begriff „Persona" stammt aus dem Lateinischen und bezeichnete wortwörtlich die Maske eines Schauspielers. Im übertragenen Sinne wird der Begriff auch für „Rolle" oder „Charakter" verwendet.

Im Marketing stehen Personas für fiktive Vertreter der Zielgruppe. Der Ansatz wurde erstmals im Jahr 1998 vom Interaktionsdesigner Alan Cooper, dem Vater der Programmiersprache Visual Basic, beschrieben. Für Cooper (2004, S. 124) sind Personas „hypothetische Archetypen" der Zielgruppe, die sorgfältig und präzise in einem Profil beschrieben werden müssen.

Wie sieht ein Persona-Profil nun aus? Im Prinzip ähnelt es einer Mischung aus Stammbucheintrag und Steckbrief. Wir finden darauf zunächst ein Foto, das

Aufschluss darüber geben soll, wie wir uns unsere Persona vorstellen. Dazu kommen demografische Angaben wie Alter, Beruf und Wohnort.

Ganz entscheidend ist aber, dass wir erkennen, wie unsere Persona tickt. Wir müssen wissen, welche Einstellungen und Werte sie auszeichnen, wo und wie sie lebt, welche Marken sie kauft und welche Medien sie nutzt. Diese Merkmale können wir aus den **Sinus-Milieus** ablesen, die somit auch als „Meta-Personas" bezeichnet werden können.

Die Sinus-Milieus sind das Resultat von mehr als vier Jahrzehnten sozialwissenschaftlicher Forschung (Flaig und Barth 2017, S. 4). Der Hintergrund für die Entwicklung der Sinus-Milieus war die Erkenntnis, dass sich jeder Mensch einem dominanten Milieu mit ähnlichen Werten, ähnlichem Lifestyle und ähnlicher sozialer Lage zuordnen lässt. Im Unterschied zu klassischen Zielgruppen-Modellen, die überwiegend auf demografischen Kriterien wie Bildung, Einkommen oder Alter basieren, sind die Sinus-Milieus wesentlich näher an der Lebensrealität der Menschen. Beim Sinus-Institut spricht man daher auch von Zielgruppen, die es wirklich gibt.

In Österreich und Deutschland kennen wir jeweils zehn unterschiedliche Milieus. Als Beispiel möchte ich kurz das Milieu der Performer anführen, die aufgrund ihrer hohen Kaufkraft zu den am stärksten umworbenen Zielgruppen gehören.

Beispiel: Die Zielgruppe der Performer

Bei den Performern handelt es sich um die junge, effizienzorientierte Leistungselite. Sie verfügen über das höchste Einkommen aller Zielgruppen, pflegen einen kosmopolitischen Lebensstil und zeigen gerne, was sie sich leisten können. Sie sind fest in der digitalen Welt verankert. Typische Performer-Berufe sind Ärzte, Rechtsanwälte sowie Mitarbeiter im mittleren und oberen Management.

Das Bestechende an den Sinus-Milieus ist, dass der Lebensstil aller Milieus mit aussagekräftigen Bildern beschrieben wird. So wissen wir, wie ein typischer Performer aussieht, welche Marken er kauft, in welchem Haus er wohnt, wie er seine Freizeit verbringt und welche Medien er nutzt.

Über Anwendungsschnittstellen (APIs) lassen sich alle Sinus-Milieus mittlerweile als Zielgruppen in soziale Netzwerke wie Facebook, Snapchat und Instagram oder bei Google Adwords und YouTube einspeisen. Darüber hinaus besteht die Möglichkeit, die Ziel-Milieus über diverse Mailing-Anbieter wie Google Mail oder GMX zu adressieren oder sie mittels Programmatic Advertising auf reichweitenstarken Portalen zu erreichen. Durch die höhere Treffsicherheit werden deutlich bessere Resultate erzielt, Budgets lassen sich also effizienter einsetzen.

> **Tipp** Die Daten für die Sinus-Milieus, die für mehr als 40 Länder vorliegen, erhalten Sie beim Sinus-Institut in Heidelberg und Berlin (https://www.sinus-institut.de/). Wenn Sie aus Österreich kommen, wenden Sie sich bitte an das Markt- und Meinungsforschungsinstitut Integral in Wien (https://www.integral.co.at/).

2.2 Wollen

Über viele Jahre habe ich einen japanischen Autohersteller beraten. Bei einem Pressetermin war ich ziemlich irritiert, als der damalige Sprecher des Unternehmens mit einem deutschen Fabrikat vorfuhr. Die Hintergründe für seine Entscheidung sind mir nicht bekannt. War sie ein Ausdruck für seine persönlichen Vorlieben? Fand er die eigene Marke nicht gut genug? Oder stellte ihm sein Chef schlicht keinen Dienstwagen zur Verfügung? Ich weiß es nicht.

Was ich aber weiß ist, dass sich ein motivierter Markenbotschafter in einer solchen Position niemals einen solchen Fauxpas leisten würde. Begeisterung für das eigene Unternehmen drückt sich durch Markenloyalität aus. Wie soll ich andere überzeugen, wenn ich selbst zu Konkurrenzprodukten greife? Und so hat es mich auch nicht sonderlich gewundert, dass der Herr bald darauf einen neuen Arbeitgeber hatte.

Vorkommnisse wie dieses sind mir in meiner Laufbahn unzählige Male aufgefallen. Wirft man einen Blick auf den „Gallup-Engagement-Index", sieht man besorgniserregende Ergebnisse: 85 % aller Mitarbeiter haben kein Commitment gegenüber ihrem Unternehmen. 71 % machen mehr oder weniger Dienst nach Vorschrift, 14 % haben innerlich bereits gekündigt. Lediglich 15 % der Arbeitnehmer in Deutschland haben eine enge emotionale Bindung zum Unternehmen. In der Schweiz (13 %) und in Österreich (zwölf Prozent) sind es sogar noch weniger (Gallup GmbH 2017, S. 2).

Erfolgreiche Markenbotschafter müssen andere ihre Begeisterung spüren lassen können. „Nur wenn die Mitarbeiter motiviert und bereit sind mehr zu leisten, kann das Markenversprechen auch erfolgreich in die Tat umgesetzt werden", schreiben Esch et al. (2014, S. 11).

Der „Gallup-Engagement-Index" unterstreicht dies eindrucksvoll. 82 % aller Arbeitnehmer mit hohem Commitment würden die Produkte und

Dienstleistungen ihres Unternehmens Freunden und Bekannten empfehlen (Nink 2018, S. 7). Die enge emotionale Bindung drückt sich in besseren Leistungskennzahlen aus: Firmen, deren Mitarbeiter sich committen, weisen eine signifikant höhere Produktivität und Rentabilität auf (Nink 2018, S. 30).

Allerdings sei die Bereitschaft, Inhalte des eigenen Unternehmens zu teilen, bei Mitarbeitern nicht besonders groß, meint Klaus Eck (2019a). Dieser Auffassung widerspricht die Organisationsentwicklerin Birgitt Williams:

> „Menschen wollen generell ein Leben mit Sinn führen – sowohl persönlich als auch beruflich. Auf wertvolle Art und Weise wollen sie für die Unternehmen und Organisationen, denen sie angehören, und für die Gesellschaft als Ganzes einen Beitrag leisten. Im Grunde ihres Herzens wollen Menschen ihr Bestes geben und die beste Version ihrer selbst sein. Menschen mit Führungsverantwortung sind vor die Herausforderung gestellt, das Beste in ihren Mitarbeitern ‚wachzuküssen'" (Klien 2019, S. 11).

Psychologische Prinzipien der Überzeugungsarbeit

Dieses „Wachküssen" ist wohl die schwierigste Aufgabe in einem Corporate-Influencer-Programm. Zunächst sollte jeder Mitarbeiter eine Chance erhalten, sich als Markenbotschafter zu qualifizieren. So ist die Losung „Jeder darf, keiner muss" das Grundprinzip des Jobbotschafter-Programms bei OTTO.

Klaus Eck (2019a) rät allerdings zu mehr Restriktion: „Ein Corporate Influencer sollte etwas Besonderes sein. Nicht jeder Mitarbeiter eignet sich für diese Rolle. Wir empfehlen daher in unserer Beratung, nur diejenigen zuzulassen, die nach einem internen Bewerbungsverfahren an einem Zertifizierungsprozess teilnehmen. Eine wichtige Voraussetzung dafür stellt die Zustimmung der Geschäftsführung dar."

Ecks Auffassung, wonach ein Corporate Influencer etwas Besonderes sein soll, entspricht dem **Knappheitsprinzip** aus der Psychologie. Das Prinzip besagt, dass Möglichkeiten umso wertvoller erscheinen, je weniger erreichbar sie sind (Cialdini 2017, S. 315). Will heißen: Wenn jeder an einem Markenbotschafter-Programm teilnehmen darf, sinkt dessen Wertschätzung.

Winfried Ebner ist bei der Deutschen Telekom für den Aufbau von Markenbotschaftern zuständig. Im Interview erläutert er den Zugang des Konzerns zum Thema: „Im Grunde ist jeder Mitarbeiter der Deutschen Telekom ein TELEKOM BOTSCHAFTER, d. h. in Deutschland rund 100.000. Bei einem Interessen-Verteiler von rund 1500 zählt das Netzwerk derzeit 150 aktive TELEKOM BOTSCHAFTER, die unseren Onboarding-Prozess durchlaufen haben" (Eck 2019c).

Führungskräfte sollten also danach trachten, zunächst die am besten geeigneten Personen zu identifizieren und zu motivieren. Dazu zählen

Mitarbeiter, die bereits über eine breite Akzeptanz und ein hohes Ansehen im Unternehmen verfügen. Sie bedienen als Vorbilder die psychologischen Prinzipien der **Sozialen Bewährtheit** und der **Sympathie.** Soziale Bewährtheit heißt, dass wir uns bei Entscheidungen daran orientieren, was andere Menschen – und hier haben Meinungsführer einen besonders hohen Status – für richtig halten (Cialdini 2017, S. 165 f.). Sind uns diese Personen auch noch sympathisch, kommen wir ihren Anliegen am ehesten nach (Cialdini 2017, S. 228).

Wenn Sie Ihr Team gefunden haben, stellt sich die Frage, wie das Engagement nachhaltig gesichert werden kann. Für Robert B. Cialdini sind **Commitment** und **Konsistenz** ein untrennbares Gespann. Konsistenz bedeutet, dass Menschen in Übereinstimmung mit ihrem früheren Verhalten handeln (Cialdini 2017, S. 94). Wenn Sie sich ein neues Auto anschaffen, werden Sie vor sich selbst oder Ihren Freunden kaum eingestehen, dass es möglicherweise zu teuer war. Stattdessen werden Sie Ihre Entscheidung rechtfertigen, z. B. durch den Hinweis auf die luxuriöse Ausstattung, den bestechenden Fahrkomfort oder die herausragende Motorleistung.

Commitment sorgt dafür, dass Konsistenz aktiviert wird. Es ist nichts anderes als eine innere Verpflichtung, jene Dinge zu tun, die im Einklang mit Ihrer Festlegung stehen (Cialdini 2017, S. 106). Wenn wir beim Beispiel des Autokaufs bleiben: Als Sie den Kaufvertrag unterschrieben haben, war es um Sie geschehen. Sie fühlen sich an Ihre Verpflichtung gebunden, den Wagen auch tatsächlich zu kaufen.

Commitments sind vor allem dann effektiv, wenn sie schriftlich abgeben werden. Für Cialdini ist dieser Akt eine „magische Handlung", die zur Selbstverpflichtung führt. Als Beispiel erwähnt er eine Studie unter College-Studenten, die sich freiwillig zu einem Aids-Aufklärungsprojekt an örtlichen Schulen anmelden sollten. Die Hälfte der Studierenden füllte ein Formular aus, in dem stand, dass sie teilnehmen würden. Die andere Hälfte erhielt ein Formular, das sie nur dann ausfüllen sollten, wenn sie nicht teilnehmen würden. Wie die Sache ausging, wird Sie nicht weiter wundern: 74 % der Teilnehmer stammten aus jener Hälfte, die ihre Teilnahme aktiv zugesichert hatten (Cialdini 2017, S. 117 f.).

Markenbotschafter brauchen Authentizität

Was lernen wir daraus? Für ein erfolgreiches Corporate-Influencer-Programm ist es unerlässlich, eine schriftliche Leistungsvereinbarung zu treffen. Diese beinhaltet die Dauer, Ziele und Umfang des Vorhabens. Eine Überregulierung halte ich für wenig sinnvoll – sie erzeugt Unsicherheiten und bremst den Elan. So versuchen manche Unternehmen, die Tonalität und das Auftreten ihrer Mitarbeiter in Social Media zu regeln. Markenbotschafter müssen aber – wollen sie erfolgreich sein – in erster Linie sich selbst treu bleiben können.

Hat sich Ihr Mitarbeiter also aktiv für die Teilnahme am Corporate-Influencer-Programm bereit erklärt, ist es bereits zu einem Commitment gekommen. Damit wird die Konsistenz des Handelns beeinflusst. Der Mitarbeiter wird sich ausreichend verpflichtet fühlen, die Vereinbarung auch tatsächlich zu erfüllen.

Die inhaltlichen Vorgaben dürfen aber nicht überreguliert werden. Freilich sollen Markenbotschafter jene Themen kommunizieren, die für die Zielerreichung des Programms von Bedeutung sind. Ein klares Leitbild (siehe Abschn. 2.1) ist zwingend, Social Media Guidelines für die jeweiligen Netzwerke sind in den meisten Fällen ratsam. Die Art und Weise der Ausführung sollte aber alleine in den Händen des jeweiligen Corporate Influencers liegen.

Ähnlich sieht das Magdalena Rogl, Head of Digital Channels bei Microsoft Deutschland: „Die Grundlage dafür ist Vertrauen. Denn wenn der Arbeitgeber alles reguliert und vorgibt, sind die Inhalte nicht mehr persönlich und authentisch und somit hinfällig." Und weiter: „Ich glaube zu viele Regeln und Vorgaben verunsichern eher und frustrieren. (…) Jeder Mensch kommuniziert anders und das ist eine große Chance. Denn diese Diversität kann dabei helfen, die beste Kommunikation zu entwickeln und die verschiedensten Personen zu erreichen" (Erxleben 2019).

In dasselbe Horn stößt die Kommunikationsberaterin Iris Heilmann (2019, S. 49), wenn sie Freiräume für Corporate Influencer fordert: „Benennen Sie die Dos und Don'ts für ein im Sinne des Unternehmens verantwortliches Handeln – aber legen Sie Ihre Botschafter nicht an die Leine, kontrollieren Sie nicht jeden Post oder Tweet. Wer Corporate Influencer zu stark einschränkt oder ihnen Botschaften in den Mund legt, schadet ihrer Authentizität. Die Kommunikation verliert an Glaubwürdigkeit und das Corporate Influencing an Wirkung."

Ein Beispiel, wie Überregulierung gründlich danebengehen kann, liefert **Amazon.** Das Online-Magazin „Slate" (Mak 2019) berichtet, dass der Konzern unter dem Titel „Amazon FC Ambassadors" 20 Corporate Influencer angeheuert hat. FC steht für Fulfillment Center – es handelt es sich dabei also um Markenbotschafter aus den Versandzentren.

Die Aufgabe der „Amazon FC Ambassadors" ist es, auf Twitter ein positives Image über die Arbeitsbedingungen beim Online-Riesen zu vermitteln. Anfang 2019 begannen die Botschafter aber, Stimmung gegen Gewerkschaften zu machen. Hintergrund dafür war eine Initiative zur Bildung einer Gewerkschaft für Amazon-Arbeiter im geplanten Headquarter in New York.

Wenig überraschend, lehnten die „Amazon FC Ambassadors" eine solche Initiative einhellig ab. Die abgesetzten Tweets waren dabei so ähnlich, dass bald der

Vorwurf auftauchte, die Botschafter würden mit Textbausteinen aus der PR-Abteilung arbeiten. Unzählige Twitter-Nutzer verspotteten die Ambassadors als „Roboter-Armee" (Mak 2019).

Auch wenn Amazon jegliche Beeinflussung seiner Corporate Influencer abstritt, blieb ein schaler Nachgeschmack, der die ohnehin angeschlagene Arbeitergebermarke Amazon weiter schädigte. Die Angelegenheit entwickelte sich zum kommunikativen Albtraum: Mitte Februar entschied das Unternehmen, sich von den Plänen für die Errichtung einer weiteren Unternehmenszentrale in New York zu verabschieden.

Motivation durch Storytelling

Ich habe einleitend erwähnt, dass die Entwicklung eines Corporate-Influencer-Programmes ein Change-Projekt mit enormer Komplexität ist. Der ehemalige Weltbank-Manager Steve Denning weiß davon ein Lied zu singen. Als er in der Weltbank Mitte der 1990er-Jahre eine Wissensplattform einführen wollte, konnte er sich zunächst kein Gehör verschaffen. Die anderen Mitarbeiter schienen die Notwenigkeit einer solchen Plattform nicht zu begreifen (Denning 2001, S. 9).

Die Situation änderte sich erst, als ihm ein Kollege beim Mittagessen eine Geschichte erzählte. Darin berichtete er von einem Gesundheitsarbeiter, der in einem entlegenen Gebiet in Sambia nach einer Lösung für die Behandlung eines Malaria-Falles suchte. Er loggte sich in die Website des „Centers for Disease Control and Prevention" (CDC) in den USA ein, das über eine ausgewiesene Expertise zur Bekämpfung von Malaria verfügt. Dort fand er die Lösung für sein Problem (Denning 2001, S. 10).

Denning erkannte das ungemeine Potenzial dieser Geschichte für sein Anliegen. Wenn ein solches System für einen Gesundheitsarbeiter im fernen Sambia funktioniert, dann musste eine Wissensplattform doch auch im großen Stil möglich sein. Er baute die Sambia-Story am Anfang seiner Präsentation ein und erzielte damit das notwendige Verständnis seiner Kollegen. Der Bann war gebrochen: Wie wir wissen, ist die Weltbank heute zu einer global führenden Datenbank geworden.

Steve Denning nennt Geschichten, die Veränderungen bewirken, „Springboard Stories". Eine erfolgreiche Sprungbrett-Geschichte erfüllt demnach folgende Anforderungen (Denning 2001, S. 197 ff.):

- Die Geschichte muss wahr sein.

- Im Idealfall tritt nur ein Protagonist auf, der durch sein Wirken eine Identifikationsfläche bietet.
- Die Herausforderung des Protagonisten muss vertraut wirken.
- Die Geschichte sollte kurz, spannend oder überraschend sein. Spannung erreicht man etwa durch die Darstellung eines Dilemmas, Überraschung erzielt man durch ungewöhnliche Orte, Situationen und Personen.
- Die Story muss eine Veränderungsbotschaft beinhalten. Diese sollte aber indirekt formuliert sein. So erhält das Zielpublikum das Gefühl, eigene Ideen entwickeln zu können.
- Ein Happy End sorgt schließlich dafür, dass Skeptiker kaum Möglichkeiten haben, überzeugende Gegenargumente vorzubringen.

Die Kerngeschichte von Denning, mit der er Tausende Menschen von der Dringlichkeit einer Wissensplattform in der Weltbank überzeugen konnte, lautete: „In June 1995, a health worker in Kamana, Zambia, logged on to the CDC Web site in Altanta and got the answer to a question on how to treat malaria" (Denning 2001, S. 158).

Anhand dieser Anleitung sollte es Ihnen nun nicht schwerfallen, eine „Springboard Story" zu entwickeln, die Ihren Mitarbeitern die Notwendigkeit eines Corporate-Influencer-Programms vor Augen führt.

2.3 Können

Corporate Influencer brauchen neben ihrer fachlichen Eignung vor allem auch Medienkompetenz. So werden Sie möglicherweise im Zuge einer Potenzialanalyse erkennen, dass der Experte aus der Forschungsabteilung null Ahnung von Social Media, Storytelling oder Datenschutz hat.

Der Wissensstand und der Erfahrungsschatz von Mitarbeitern sind in der Regel sehr unterschiedlich. Sie benötigen daher einen **Mentor,** der ihre individuellen Defizite ausgleicht, ihnen Sicherheit gibt und ihre Weiterentwicklung unterstützt. Ein solcher Mentor muss auch später – wenn das Corporate-Influencer-Programm bereits angelaufen ist – als Coach zur Verfügung stehen können. Die digitale Kommunikation ist permanent im Fluss – es gilt also, bei Neuerungen auf einen versierten Ansprechpartner zurückgreifen zu können.

Das betrifft insbesondere **Rechtsfragen** wie Datenschutz und Urheberrecht. Der auf diese Themen spezialisierte Rechtsanwalt Thomas Schwenke gibt in einem Blogpost (siehe Schwenke 2019) wesentliche Rechtstipps zum Thema „Mitarbeiter als Markenbotschafter". Bei der Lektüre erkennt man, dass der Bereich auch von rechtlicher Seite einigermaßen umfangreich ist. Die Rechtsanwältin Sascha Zieglmeier rät aber, sich von der Vielzahl rechtlicher Fallstricke keineswegs abschrecken zu lassen. „Es geht vor allem darum, Corporate Influencern Handlungssicherheit zu vermitteln. Wichtig ist, dass diese bei Fragen schnell und einfach die Kommunikationsabteilung kontaktieren können und Ansprechpartner in der Rechtsabteilung haben" (PR-Werkstatt 2018, S. 12).

Über welche Fähigkeiten sollten Markenbotschafter nun also verfügen? Für seine PR-Werkstatt zum Thema „Corporate Influencer" hat Daniel J. Hanke einen Lehrplan namens **„Botschafter-Schule"** entwickelt, der in Tab. 2.1 abgebildet ist.

▶ Daraus geht hervor: Gute Corporate Influencer sind nicht nur in Social Media aktiv, sondern netzwerken auch fleißig offline, z. B. auf einschlägigen Events der PR- und Marketing-Branche.

Aus diesem Lehrplan wird ersichtlich, dass Corporate Influencer ein breit gefächertes Spektrum an Kenntnissen benötigen, um erfolgreich agieren zu können. Die „Botschafter-Schule" vereint journalistische Kenntnisse, technisches Know-how und Personal Branding in einem Gesamtpaket.

Tab. 2.1 Die „Botschafter-Schule" nach Daniel J. Hanke. (Quelle: PR-Werkstatt 2018, S. 8)

Basis				
Zweck, Ziele, Wege und Mittel des Coporate-Influencer-Projekts	Vision, Leitbild, Positionierung, Werte des Unternehmens	Storybuilding und Storytelling	Governance für Social Media und Kommunikation	Datenschutz, Urheberrecht, Schleichwerbung

Vertiefung (abhängig von Eigeninteresse und Qualifikationen)					
Online			Offline		
Content Creation und Distribution	Community Building und Engagement	Analyse und Monitoring	Wirkungsvoll präsentieren	Öffentliches Auftreten	Netzwerken und Small Talk
Plattform/ Kanal X	Tools für Employee Advocacy	Social Media Management Tool	Workshops leiten	Interview-Training	Barcamp-Organisation

▶ Aber bitte machen Sie sich bewusst: Trotz aller Vorbereitungen, Trainings und Coachings wird es zu Fehlern kommen. Die Netzwerkerin
Tijen Onaran (2019, S. 49) empfiehlt allen Corporate Influencern und
ihren Brötchengebern, den Anspruch an Perfektion aufzugeben: „Sich
zuzugestehen, Fehler zu machen, und mit Humor darauf zu reagieren, ist viel ratsamer, als den Kopf in den Sand zu stecken. Menschen
lieben Geschichten von Menschen, und genau das gilt auch für diejenigen Unternehmen, die ihre Mitarbeiter sichtbar machen wollen."
Diese Aussage kann ich nur unterstreichen.

Tools für Employee Advocacy 3

Bambu, Dynamic Signal, Everyone Social, und und und. Der Markt an Employee-Advocacy-Werkzeugen, die Corporate Influencer in ihrer Arbeit unterstützen wollen, ist in den vergangenen Jahren rasant gewachsen.

In diesem Kapitel möchte ich Ihnen einen Überblick über die wichtigsten Instrumente geben. Gleich vorweg aber eine Warnung: Über die Sinnhaftigkeit dieser Tools lässt sich trefflich streiten. Aus der Sicht der Chefetage ist es durchwegs verständlich, Botschaften kontrollieren und die Wirkung von Corporate-Influencer-Programmen nachvollziehen zu wollen. „Unser Corporate-Influencer-Programm wurde vom Vorstand genehmigt, mit Budget und Ressourcen versehen. Es ist klar, dass ich den Erfolg messen muss", meint etwa Christian Buggisch, Corporate-Publishing-Verantwortlicher bei der DATEV (Spangenberg 2019).

Allerdings zeigen meine Erfahrungen: Die stärksten Markenbotschafter haben Ecken und Kanten. Sie kommunizieren, weil sie ihren Arbeitsplatz schätzen. Übermäßige Kontrolle würde ihnen die Flügel stutzen und die Schlagkraft ihrer Tätigkeit deutlich mindern.

Im Rahmen der „Social Media Week Hamburg" 2019 wurde in einem Panel intensiv über Vor- und Nachteile von Employee-Advocacy-Werkzeugen debattiert. Die Aufzeichnung, die eine interessante Diskussion zu diesem Thema bietet, können Sie auf YouTube unter folgendem Link nachsehen: https://youtu.be/-xlY9W_v4Nc.

Laura Preißler, Social Business Consultant bei T-Systems, betonte anlässlich der Debatte die **Unterstützungsfunktion** dieser Plattformen: Den Markenbotschaftern werden Content-Formate wie Bilder, Videos und Textbausteine zur Verfügung gestellt, die diese sorgenfrei für ihre Kommunikation verwenden können. Gerade Neueinsteiger erhalten dadurch die Sicherheit, kaum etwas falsch machen zu können. So sind z. B. die Rechte für die zur Verfügung gestellten Bildern

© Springer Fachmedien Wiesbaden GmbH, ein Teil von Springer Nature 2020   21
M. Sturmer, *Corporate Influencer,* essentials,
https://doi.org/10.1007/978-3-658-27870-0_3

geklärt – damit können mögliche Verletzungen des Urheberrechts weitgehend ausgeschlossen werden.

Skeptiker wie der Social-Media-Experte Michael Koch halten dem entgegen, dass es durch vorgefertigte Content-Formate zu einem **Verlust an Authentizität** kommt. „Wenn da jemand wirklich Bock darauf hat, warum muss ich dem so viel Stütze geben?", fragt Koch. „Wer für sein Ding Feuer hat, der hat's. Dem muss ich aber weder Textbausteine geben noch freigegebene Bilder" (Social Media Week Hamburg 2019).

Andrea Steverding, Leiterin für Kommunikation und Marketing bei der Managementberatung Oliver Wyman, weist daraufhin, dass es unter den Corporate Influencern nicht nur Menschen wie Telekom-Botschafter Pawel Dillinger gebe: „Die Welt besteht eben nicht nur aus hauptberuflichen Markenbotschaftern, die das hochgradig individuell machen. (…) Social Media wurde nicht letztes Jahr erst erfunden. Und trotzdem machen es viele halt neben ihrer Arbeit. Sie wollen halt zumindest eine Plattform haben, wo es einfach und pragmatisch ist." (Social Media Week Hamburg 2019)

Laura Preißler sieht die Stärke dieser Instrumente auch darin, das Feuer von Mitarbeitern noch etwas anzuheizen: „So ein Tool kann ein bisschen Brennspiritus sein, den man dann reinschüttet. Dann läuft es vielleicht sogar noch besser." (Social Media Week Hamburg 2019)

Ob Sie ein solches System tatsächlich wollen oder benötigen, liegt also in Ihrer Entscheidung. Die Auswahl des passenden Tools ist ohnehin nicht einfach zu treffen und bedarf vor der Anschaffung einer intensiven Analyse. Acht populäre Anbieter von Employee Advocacy Tools habe ich zu Ihrer Orientierung in Tab. 3.1 in alphabetischer Reihenfolge zusammengestellt.

Tab. 3.1 Tools für Employee Advocacy

Tool	Start	Sitz	Website
Ambassify	2015	Beringen, Belgien	ambassify.com
Bambu by Social Sprout	2015	Chicago, USA	getbambu.com
Dynamic Signal	2010	San Bruno, USA	dynamicsignal.com
EveryoneSocial	2013	Salt Lake City, USA	everyonesocial.com
Hootsuite Amplify	2015	Vancouver, Kanada	hootsuite.com/amplify
PostBeyond	2013	Toronto, Kanada	postbeyond.com
Smarp	2011	Helsinki, Finnland	smarp.com
Sociabble	2014	Paris, Frankreich	sociabble.com

Der Funktionsumfang dieser Lösungen ist weitgehend identisch. Die nachfolgende Beschreibung soll Ihnen einen Eindruck über ihren Aufbau und den damit verbundenen Fragestellungen verschaffen.

Content Hub zum Entdecken und Teilen von Inhalten
Die wichtigste Aufgabe für Markenbotschafter ist es zunächst, für ihre Zielgruppe relevante Beiträge zu finden und zu verbreiten. Die Quelle dafür können einerseits Nachrichten aus dem eigenen Unternehmen und andererseits Content von Dritten – z. B. interessante Blog-Beiträge oder Social Media Posts – sein. Im Fall von unternehmenseigenen Inhalten werden häufig Textbausteine mit Bildern und Videos zur Verfügung gestellt.

Außerdem haben Markenbotschafter die Möglichkeit, die für sie interessanten Themen zu abonnieren und übersichtlich zu organisieren.

Corporate Influencer müssen ihre Social-Media-Kanäle mit den Employee Advocacy Tools verbinden, um die integrierten Verbreitungsfunktionen und Auswertungsmöglichkeiten nutzen zu können. Die damit verbundenen DSGVO-relevanten Fragestellungen seien weitgehend geklärt, betonen die meisten Hersteller.

Die Funktionsweise basiert bei allen Instrumenten auf einem ähnlichen Prinzip: Auf der Startseite (Dashboard) findet sich eine Art Newsfeed, in dem die o. a. Beiträge anlaufen. Die Gestaltung ist Geschmackssache, entscheidend sind Ihre persönlichen Vorlieben: Bei EveryoneSocial ist der Feed deutlich erkennbar an Facebook angelehnt, Dynamic Signal wirkt hingegen deutlich nüchterner.

Alle Systeme haben natürlich Apps für iOS und Android an Bord, mit denen Markenbotschafter ihren Job auch von unterwegs erledigen können.

Gamification und Engagement
Fast alle Tools verfügen über Gamification-Elemente wie Badges und Leaderboards. Der Hintergrund dafür ist, einen internen Wettbewerb anzustacheln. Wer ist die Nummer 1 unter unseren Markenbotschaftern und hat sich die Goldmedaille verdient?

Gamification bei Employee Advocacy mag manchen gefallen, hat aber seine Nachteile. Die Jagd nach Klicks, Retweets, Likes und Shares kann die Qualität negativ beeinflussen. Oder ist es Ihnen lieber, wenn Ihre Mitarbeiter launige Witze statt relevante Infos posten? Außerdem bevorzugen solche Gamification-Elemente Personen, die bereits stark in sozialen Netzwerken verankert sind und sich entsprechendes Know-how angeeignet haben. Das kann für Neueinsteiger ganz schön demotivierend sein. Smarp stellt mit dem SmarpScore sogar einen eigenen Influencer-Index zur Verfügung, der den persönlichen Einfluss in

Social Media auf einer Skala von 1 bis 100 abbildet. Damit sollen Fortschritte sichtbar gemacht werden.

Integration und Netzwerke

Eine entscheidende Frage bei der Anschaffung eines Employee Advocacy Tools ist, wie es sich mit bereits existierenden Software-Lösungen im Unternehmen verträgt. So kann Sociabble etwa in Microsoft Office 365 integriert werden, Hootsuite Amplify punktet mit Anbindungen zu gängigen CRM-Lösungen wie Salesforce, Marketo und Microsoft Dynamics.

Sollten Sie mit Ihrem Tool auch Verkaufsziele – Stichwort Social Selling – verfolgen, dann hat Hootsuite Amplify laut einer Forester-Studie klar die Nase vor Mitbewerbern wie Sociabble, PostBeyond, EveryoneSocial und Dynamic Signal. Mit mehr als 150 möglichen Integrationen liegt das Hootsuite-Produkt überlegen an erster Stelle (Shea 2019, S. 6).

Auch möglichst komfortable Anbindungen an soziale Netzwerke wie Facebook, LinkedIn, Twitter oder Instagram spielen natürlich eine große Rolle. Hier gilt es, genau hinzuschauen, ob Ihre Wunschlösung auch tatsächlich alle Anforderungen erfüllt.

Administration und Content-Freigabe

Natürlich wollen Sie vermeiden, dass Ihre Mitarbeiter keine Interna nach außen tragen. Dafür gibt es etwa bei Hootsuite Amplify eine Genehmigungsschranke – d. h., nicht alle Team-Mitglieder können ihre Inhalte sofort veröffentlichen, sondern müssen auf eine Freischaltung durch befugte Personen warten.

Ich persönlich bin kein Freund solcher Einschränkungen. Bei Employee Advocacy geht es um authentische Kommunikation, die auf Vertrauen passiert. Fehlt das Vertrauen in die eigenen Mitarbeiter, sollten Sie vielleicht von einem Corporate-Influencer-Programm überhaupt die Finger lassen.

Analytics und Erfolgskontrolle

Alle Werkzeuge verfügen über aussagekräftige Statistiken, die den Erfolg (oder Misserfolg) von Employee Advocacy dokumentieren. Messlatte dafür bilden die Key Performance Indicators (KPIs) – also Leistungskennzahlen zu Return of Investment, Zugriffen, Reichweite, Follower-Zahlen usw.

Bei der Auswertung gibt es zwei Ebenen: Der einzelne Mitarbeiter hat in der Regel nur Einblick in seine eigenen Daten, Administratoren – oder andere Personen mit entsprechenden Berechtigungen – können die Performance für das ganze Unternehmen, Gruppen oder sogar Personen auswerten.

▶ Hier ist Vorsicht geboten: Die Verarbeitung personenbezogener Daten verträgt sich nicht mit den Bestimmungen der DSGVO. Wenn Sie die Funktion nutzen wollen, sollten Sie zuvor mit Ihrer Rechtsabteilung sprechen.

Von Rockstars und Thought Leaders 4

John Legere gilt als Rockstar der Mobilfunkbranche. Der CEO von T-Mobile US hat mit Stand Juni 2019 sage und schreibe 6,3 Mio. Follower auf Twitter. Dem Paradiesvogel mit einer Vorliebe für Magenta und einer eigenen Koch-Show namens „#SlowCookerSunday" ist es nicht nur gelungen, dem einst spießigen Image von T-Mobile US eine ordentliche Portion Coolness zu verpassen. Legere hat es auch geschafft, dem ehemaligen Sorgenkind zu einem enormen Höhenflug zu verhelfen: Als der Harvard-Absolvent 2012 das Ruder übernahm, machte das Unternehmen knapp 20 Mrd. US$ Umsatz. 2018 war der Jahresumsatz mit 43 Mrd. US$ mehr als doppelt so hoch.

John Legere ist ein Paradebeispiel für einen „Social CEO", der über eine hohe Sichtbarkeit in sozialen Netzwerken verfügt und die Reichweite gekonnt nutzt (siehe Abb. 4.1). Diese Spezies ist in deutschsprachigen Ländern noch rar gesät. Einer der wenigen Ausnahmen war etwa Dieter Zetsche, der im Mai 2019 als Vorstandsvorsitzender der Daimler AG in den Ruhestand trat. Bei seinem Ausscheiden brachte er es auf stattliche 245.000 Follower auf LinkedIn. Zetsche und Legere wissen, dass die Führungsrolle in einem Konzern für viel Strahlkraft sorgt: „Was aus der Chefetage kommt, wird als relevant und richtungsweisend interpretiert, verfängt sich erfahrungsgemäß schnell in medialer Berichterstattung und bekommt hohe Aufmerksamkeit auf allen Kanälen" (Bergk und Slomian 2018, S. 234).

Dazu kommt die Vorbildfunktion. Bei T-Mobile wurde John Legere zum Idol. Pawel Dillinger, der in Social Media wohl bekannteste Telekom-Botschafter in Deutschland, hat sich jedenfalls eine dicke Scheibe von Legere abgeschnitten. Dillinger tritt vor allem in magentafarbenen Outfits auf und trägt eine goldene Kette mit riesigem T-Mobile-Logo um den Hals. „Ein guter extrovertierter Telekom-Botschafter ist laut, kreativ und selbstbestimmt", sagt er im Interview mit

© Springer Fachmedien Wiesbaden GmbH, ein Teil von Springer Nature 2020   27
M. Sturmer, *Corporate Influencer,* essentials,
https://doi.org/10.1007/978-3-658-27870-0_4

Abb. 4.1 John Legere bei einem Presse-Event in Las Vegas, 2014. (Quelle: fanaticTRX – Own work, CC BY-SA 3.0, https://commons.wikimedia.org/w/index.php?curid=31346607)

Klaus Eck (2017). „Er hat Spaß am Umgang mit sozialen Medien, ein hohes Kommunikationsbedürfnis und strotzt vor Energie und Tatendrang."

Natürlich hat nicht jeder Mensch das Bedürfnis, sich selbst in den Mittelpunkt zu rücken. Das muss auch gar nicht sein. Denn Menschen verbinden sich nicht nur mit Netzpromis, sondern auch mit Personen, die auf eine andere Art und Weise Nutzen stiften.

Im Wesentlichen befinden wir uns damit im Bereich des „Personal Brandings". In meinem Buch „Profilierung" (Sturmer 2018) habe ich die Grundzüge für den erfolgreichen Aufbau von Personenmarken beschrieben.

In den vier Stufen meines Profilierungsmodells müssen Markenbotschafter folgende Fragestellungen beantworten können:

- **Positionierung:** Für welches Thema brenne ich? Welchen Nutzen kann ich für meine Zielgruppe stiften? Welcher Archetyp entspricht meiner Persönlichkeit am ehesten?
- **Zielgruppe:** Welche Teilöffentlichkeiten will ich mit meinem Angebot ansprechen? Wie tickt diese Zielgruppe? Wie lassen sich ihre typischen Vertreter in Persona-Profilen beschreiben?
- **Inszenierung:** Welches Bild will ich von mir vermitteln? Wie bringe ich meine Kernbotschaft auf den Punkt? Welche Geschichten kann ich erzählen?
- **Maßnahmen:** Für welche Phase der Customer Journey ist mein Angebot am besten geeignet? Welche digitalen Kanäle kann und will ich bedienen? Wer kann mich unterstützen, um eine möglichst hohe Wirkung zu entfalten?

Die Chancen für Corporate Influencer liegen also in Themen und ihren Teilöffentlichkeiten, die mit diesen erreicht werden können. Randolf Jessl und Andreas Scheuermann (2018, S. 46) plädieren daher dafür, **Themen- statt Markenbotschafter** zu fördern: So gehe es z. B. in der Außendarstellung von IBM Deutschland zunehmend darum, weniger „geleckte Kommunikation" zu verbreiten, sondern stattdessen die Leidenschaft der Mitarbeiter für ihre spezifischen Themen zu wecken.

Diesem Gedankengang kann ich viel abgewinnen. Menschen suchen nach Informationen zu Themen, die sie interessieren, und weniger nach Marken. Punkten können also vor allem jene Unternehmen, die sich als Themenführer profilieren können. Und das gelingt wesentlich einfacher über Personen als durch Markenauftritte.

Dennoch muss auch klar sein, dass nicht jeder Mitarbeiter Experte sein kann. In manchen Unternehmen werden daher unterschiedliche Profile für Corporate Influencer erarbeitet. In seinem Jobbotschafter-Programm setzt OTTO auf die Kraft von Employee Advocacy für die Rekrutierung neuer Mitarbeiter.

Für die Jobbotschafter wurden dafür sechs Rollen geschaffen (Marten und Kirchmeer 2018, S. 280 f.):

- Die **Multiplikatoren** unterstützen die Arbeitgebermarke in Social Media.
- Die **Socializer** vertreten OTTO bei externen Recruiting-Veranstaltungen, internen Events und Fachkonferenzen und führen Gespräche mit Talenten.
- Die **Fachexperten** halten Vorträge zu aktuellen Themen.
- Die **Kontakter** stehen als Ansprechpartner für Bewerberfragen zur Verfügung.
- Die **Co-Recruiter** führen nach Absprache mit der Führungskraft und der Personalabteilung eigenständig Interviews, um als Experten die fachliche Eignung beurteilen zu können.
- Die **Impulsgeber** bringen neue Ideen zur Optimierung des Bewerbungsprozesses und der Arbeitgebermarke ein.

Welche Rollen Sie Ihren Corporate Influencern zuweisen, hängt von der Aufgabenstellung ab. Als Anhaltspunkt möchte ich Ihnen aber eine intensive Beschäftigung mit dem **Archetypen-Modell** ans Herz legen (siehe Abb. 4.2). Archetypen gelten als die Urbilder unserer Vorstellungsmuster und sind daher nicht erklärungsbedürftig. Ihre Entdeckung geht auf C. G. Jung zurück, der in menschlichen Träumen und Fantasien „typische Mythologeme" (Jung 2017, S. 166) beobachtet hat. Mythologeme werden also nicht individuell erworben, sondern sind in einem kollektiven Unterbewusstsein fest verankert.

Der Weise als Thought Leader
Der Weise hilft anderen, die Welt besser zu verstehen. Dieser Archetyp entspricht im Management dem Thought Leader. Unter einem Thought Leader wird eine Person verstanden, die Mitmenschen mit innovativen Ideen bewegt und inspiriert (Brosseau 2013, S. XVI).

Als deutsche Übersetzung bevorzuge ich den Begriff Themenführer. Denn Thought Leaders wissen, für welche Sache sie wirklich brennen. Diese verfolgen sie mit einer ungeheuren Portion Leidenschaft. In seinem Buch „Die Sieger" über die Berühmtheiten der Weltgeschichte schreibt Wolf Schneider (1996, S. 211): „Jeder, der etwas Großes leisten will, braucht eine gewaltsame Konzentration auf sein Werk."

Abb. 4.2 Die Archetypen können als Vorlagen für die Rollen von Corporate Influencern dienen. (Quelle: Shutterstock.com, eigene Bearbeitung)

Thought Leadership eignet sich am besten für Fachexperten der verschiedenen Abteilungen. Diese verfügen über die höchste Glaubwürdigkeit von allen Mitarbeitern in einem Unternehmen (Edelman Trust Barometer 2019, S. 31).

Expertenwissen ist in der Öffentlichkeit gefragt. Jeder, der ein Corporate-Influencer-Programm ins Leben rufen will, sollte daher zunächst die „Weisen" identifizieren und gewinnen.

Der Entdecker als Content Curator
Der Archetyp des Entdeckers taugt vor allem für Mitarbeiter, die sich permanent mit Neuheiten aus ihrem Fachgebiet beschäftigen, die Spreu vom Weizen trennen können und relevante Funde teilen. Tools wie Scoop.it oder Refind. com machen Content Curation – also das Kuratieren von Inhalten – zum

Kinderspiel: Die Plattformen durchforsten Online-Quellen nach Ihren Sachgebieten und liefern laufend aktuelle Treffer aus. Damit lassen sich neue Entwicklungen rund um Ihr Thema zuverlässig beobachten. Mit einem Klick können Sie diese Vorschläge annehmen, mit einem Kommentar versehen und einfach in sozialen Netzwerken verbreiten.

Der Herrscher als Autorität

Ein hohes Durchsetzungsvermögen zeichnet den Archetyp des Herrschers aus. „Folgt mir, ich weiß, wo es langgeht" lautet seine Parole. In Corporate-Influencer-Programmen finden wir das Herrscher-Motiv am häufigsten auf der CEO-Ebene. Um ihre Autorität auch außerhalb der Firma zur Geltung bringen zu können, benötigen sie eine glaubwürdige Expertise, Meinungsstärke und eine gewisse Rampensau-Mentalität. Für Adam Witty und Rusty Shelton (2018, S. 5), Autoren des Buches „Authority Marketing", lautet die Erfolgsformel kurz und knapp: „Authority $=$ Expertise $\times$ Celebrity".

Der Held als mutiger Kommentator

Der Archetyp des Helden arbeitet unermüdlich daran, Missstände zu beheben oder zumindest zu verbessern. Er hat eine klare Haltung und tritt offen für seine Überzeugungen ein. Echte Helden sind aber keine reinen Besserwisser, sondern setzen ihre Vorschläge konsequent in die Tat um. Dafür werden sie häufig von ihren Fans gefeiert und von ihren Feinden gehasst.

In einem Corporate-Influencer-Programm können Helden durchaus gefragt sein: Denken Sie nur an jene Themen, die Menschen derzeit beschäftigen: Klimawandel, Rechtsruck, Spaltung der Gesellschaft. Helden beziehen Position und leisten einen ernsthaften Beitrag zur Debatte.

Beachten Sie aber: Echte Helden halten Gegenmeinungen aus. Sie achten darauf, niemanden persönlich zu verletzten und bleiben in ihrer Kritik sachlich.

Der Beschützer als Kundenfreund

Altruismus ist das Kernmotiv des Archetyps des Beschützers. Ihm geht es in erster Linie darum, anderen Menschen zu helfen.

In einem Corporate-Influencer-Programm treten Beschützer vor allem im Kundenservice auf: Sie unterstützen Interessenten und Kunden bei allen Anliegen, die das Unternehmen betreffen – freundlich, ehrlich, engagiert und kompetent.

Der Schöpfer als Innovator

Der Archetyp des Schöpfers überzeugt durch Inspiration und Innovation. Es gelingt ihm, seine Träume von Visionen publikumswirksam zu vermitteln.

Als Paradebeispiel für diesen Archetyp galt Steve Jobs. Der Mitgründer und langjährige CEO von Apple schaffte es wie kein Zweiter, Meilensteine in der Computer-Industrie zu setzen. Ob der Macintosh 1984, der iPod zu Beginn der 2000er-Jahre, das iPhone und das iPad – der Innovationskraft von Steve Jobs war es zu verdanken, dass Apple ganze Sparten der Industrie neu definieren konnte.

Der Liebhaber und seine Eleganz

Feinsinnigkeit, guter Geschmack, vielleicht ein Hauch von Erotik. Der Archetyp des Liebhabers findet sich in schöngeistigen Branchen wie Fashion, Beauty, Food, Reisen, Design und Architektur.

Achten Sie darauf, dass Ihre Expertise bzw. Geschäftsfelder auch zu diesem Archetyp passen: Beauty-Tipps des nerdigen Mitarbeiters aus der IT können eventuell ganz lustig sein, sind aber wahrscheinlich fehl am Platz.

Der Normalo als Mensch wie Du und ich

Wir sind, wie wir sind, und das ist gut so. Normalos fühlen sich wohl in der virtuellen Gesellschaft anderer Menschen, sind häufig selbstironisch und nehmen sich selbst nicht so wichtig.

Zu den Normalos gehören wohl die meisten Social-Media-Nutzer, sie zählen aber nicht unbedingt zu den Stars. Ihre Stärke ist eine ganz andere: Normalos bieten authentische und daher besonders glaubwürdige Einblicke in ein Unternehmen. Sie finden sich daher oftmals im Employer Branding wieder. Wie Sie bereits wissen, werden die Aussagen eines gewöhnlichen Mitarbeiters als wesentlich glaubwürdiger interpretiert als jene der Geschäftsleitung.

Der Hofnarr als Frohnatur und Spaßvogel

„Die jungen Leute wollen lachen", sagt der Wiener Franziskanermönch Sandesh Manuel (Kobler 2019). Als Rapper, Musiker und Spaßvogel begeistert er mit seinen YouTube-Videos auch Menschen, die mit Klöstern sonst nichts am Hut haben.

Der Archetyp des Hofnarrs beherrscht die hohe Kunst der Unterhaltung und sorgt für gute Laune. Hofnarren genießen ein gutes Stück Narrenfreiheit, wenn sie Kritik in Form von Satire üben. Aber: Humor muss man können. Schlechte Witze sind einfach nur peinlich.

Der Magier als Change Maker

Die Stärke des Magiers ist seine Kraft zur Veränderung. Er macht scheinbar Unmögliches möglich und bezieht sein Wissen aus scheinbar geheimen Quellen. Magier sind häufig mit naturwissenschaftlichen Problemstellungen konfrontiert. Der populärste Vertreter ist wohl Elon Musk, der mehrere Branchen auf den Kopf gestellt hat. Sei es nun bei Tesla, SpaceX, PayPal oder SolarCity – Musk verändert die Welt mit seinen Visionen. Da verwundert es auch kaum, dass er mit der Fantasy-Schriftstellerin Justine Wilson verheiratet war.

Der Gesetzlose als Rebell

Der Archetyp des Gesetzlosen kennzeichnet einen Rebellen, dem Konventionen und Normen egal sind. Er tritt häufig als Einzelkämpfer gegen ein – in seinen Augen – spießiges Umfeld an.

Ein Beispiel ist Sascha Lobo. Der Blogger und Journalist trägt seinen roten Irokesenschnitt aus Marketing-Gründen. Mit dem Kontrast zu Anzug und Hemd erzielt Lobo einen hohen Wiedererkennungswert.

An Rebellen wie Lobo scheiden sich die Geister – die einen schätzen ihn als Querdenker, andere nehmen ihn nicht ernst. Fest steht allerdings: In kaum einem Text über Lobo als Person fehlt ein Querverweis auf seinen Haarschnitt – häufig in Verbindung mit dem ihm zugeschriebenen Zitat, er sei „Inhaber einer gutgehenden Frisur".

Der Unschuldige als Naturliebhaber und Engel

Die ursprünglichen Bedeutungen des lateinischen Wortes „innocens" sind „harmlos" und „unschädlich". Der Archetyp des Unschuldigen lebt für die Erhaltung der Reinheit der Natur, und er glaubt an das Gute im Menschen.

In einem Corporate-Influencer-Programm eignet sich der Einsatz dieses Archetyps nur dann, wenn Ihre Produkte und Dienstleistungen seinen Ansprüchen auch gerecht werden. Wir finden Unschuldige daher in erster Linie in der Kommunikation von Unternehmen, die auf nachhaltige Geschäftsfelder setzen. Darunter fallen Betriebe wie Rapunzel Naturkost, Demeter und Vertreter des Fairen Handels.

Organisation von Corporate-Influencer-Programmen 5

Sie haben in diesem Buch bislang die Kernfragen von Markenbotschafter-Programmen kennengelernt – nun wollen wir uns damit beschäftigen, wie sich solche Programme am besten entwickeln und organisieren lassen. Das ideale Instrument dafür ist für mich der **Organisationskompass,** den ich durch die Arbeit der Salzburger Unternehmensberaterin Isabella Klien kennenlernen durfte. Das einfach strukturierte Modell hat den Anspruch, ganzheitlich auf Menschen, Organisationen oder Projekte blicken zu können (Klien 2019).

Der Organisationskompass beinhaltet alle wesentlichen Elemente für die erfolgreiche Steuerung komplexer Aufgaben und eignet sich hervorragend für die Umsetzung von Corporate-Influencer-Programmen.

Um die bislang eingeführte Terminologie beizubehalten, habe ich die Bezeichnungen des Originalmodells abgeändert und die Anordnung der einzelnen Segmente etwas angepasst. So steht etwa im Zentrum des Organisationskompasses die Frage nach dem „Sinn" (hier: Identität), dann folgen „Führung" (hier: Strategie), „Vision" (hier: Ziele), „Gemeinschaft" (hier: Botschafter) und „Management" (hier: Umsetzung) (Abb. 5.1).

Die Betrachtung des Organisationskompasses beginnt bei der Identität im Zentrum, wandert dann in den Norden zu den Zielen und bewegt sich anschließend im Uhrzeigersinn. Der Aufbau des Modells erlaubt es uns also, die zentralen Fragestellungen eines Corporate-Influencer-Programms in der richtigen Reihenfolge zu behandeln.

Identität

Wie wir ins Abschn. 2.1 gesehen haben, ist das Wissen über die Identität einer Marke der Schlüssel für erfolgreiche Markenbotschafter-Programme.

© Springer Fachmedien Wiesbaden GmbH, ein Teil von Springer Nature 2020   35
M. Sturmer, *Corporate Influencer,* essentials,
https://doi.org/10.1007/978-3-658-27870-0_5

Abb. 5.1 Der Organisationskompass für Corporate-Influencer-Programme. (Quelle: Shutterstock.com, eigene Bearbeitung)

Corporate Influencer müssen die Antworten auf folgende Fragen aus dem Effeff beherrschen:

- Mission: Warum gibt es unser Unternehmen und was treibt uns an?
- Werte: Wofür stehen wir ein?
- Vision: Was wollen wir erreichen?
- Positionierung: Was können wir richtig gut? Wie heben wir uns ab?
- Zielgruppen: Wen wollen wir erreichen?

Ziele

In Abschn. 2.1 habe ich auch darüber gesprochen, dass sich die strategischen Ziele aus der Vision ableiten. Diese Ziele sollten realistisch gesteckt, mittelfristig erreichbar, aber durchwegs ehrgeizig formuliert sein. Außerdem sollen in der Formulierung von Zielen sowohl Fakten als auch Intuition berücksichtigt werden. Als Instrument eignet sich dafür die „Ryddematta", die in Abschn. 2.1 in einem kurzen Exkurs vorgestellt wurde.

Zusätzlich sollten Sie sich aber auch mit der aus dem Projektmanagement bekannten SMART-Formel beschäftigen.

> Das Acronym SMART steht für die einzelnen Anforderungen für gute Zielvereinbarungen. Demnach müssen Ziele spezifisch, messbar, attraktiv, realistisch und terminiert sein:
>
> - **Spezifisch:** Ziele müssen so präzise wie möglich formuliert sein.
> - **Messbar:** Ziele müssen quantifizierbar sein.
> - **Attraktiv:** Ziele müssen ansprechend bzw. erstrebenswert sein.
> - **Realistisch:** Ziele müssen erreichbar sein.
> - **Terminiert:** Ziele müssen mit einem fixen Datum versehen werden.

In Corporate-Influencer-Programmen dürfen Key Performance Indicators (KPIs) nicht fehlen. Darunter werden jene Leistungskennzahlen verstanden, anhand derer der Fortschritt bzw. der Erfüllungsgrad zentraler Zielsetzungen gemessen werden kann. Typische KPIs sind Zahlen zur Reichweite (Website Traffic, Blog- und Newsletter-Abos, Follower und Interaktionsraten in Social Media etc.).

Welche KPIs erhoben werden sollen, hängt vom jeweiligen Vorhaben ab. Wollen Sie die Bekanntheit Ihrer Marke bei den Stakeholdern steigern? Soll die Generierung von Leads oder gar Verkäufen angekurbelt werden? Oder soll das Corporate-Influencer-Programm zur Kundenbindung beitragen?

Häufig werden Markenbotschafter-Programme auch als unterstützende Maßnahme zur Stärkung einer Arbeitgebermarke eingesetzt. Wie wir in Kap. 4 am Beispiel des Jobbotschafter-Programms von OTTO gesehen haben, liegt eine besondere Stärke von Corporate Influencern im Recruiting und im Employer Branding.

Strategie

Die Strategie muss alle Maßnahmen berücksichtigen, die zur Zielerreichung führen. Jedes Corporate-Influencer-Konzept sollte daher die Stufen Analyse, Planung, Produktion und Monitoring beinhalten.

- **Analyse:** Überprüfung (und gegebenenfalls Anpassung) der Positionierung und Inszenierung, von Markt und Wettbewerb und der Zielgruppen; Erhebung bereits verfügbarer Inhalte (Content Audit) und des Potenzials bei Mitarbeitern
- **Planung:** Erstellung des Projektplans (Ziele, Kosten, Maßnahmen, Termine, Kosten) und des Projektteams (Projektleitung und Projekthierarchien); Festlegung von Content-Formaten (Text, Foto, Video etc.) und Kanälen (Blog,

Facebook, LinkedIn etc.); Auswahl benötigter Technologie (z. B. Employee Advocacy Tools, siehe Kap. 3); Entwicklung von Social Media Guidelines

- **Produktion:** Organisation der Themenplanung (z. B. Redaktionssitzungen mit Corporate Influencern, Newsroom-Organisation); Maßnahmen der Qualitätssicherung
- **Monitoring:** Überwachung und Beurteilung der Fortschritte in Bezug auf den Projektplan

Botschafter

Jeder Mitarbeiter ist ein Markenbotschafter. Auch wenn er (noch) nicht in Social Media vertreten ist, spricht er über seine Arbeit. Deshalb sollte jeder Mitarbeiter auch die Möglichkeit erhalten, sich für ein Corporate-Influencer-Programm zu qualifizieren – sofern er oder sie denn überhaupt will. Psychologische Ansätze, wie Sie das Commitment Ihrer Mitarbeiter gewinnen können, habe ich in Abschn. 2.2 vorgestellt. Besonders hohes Augenmerk sollten Sie auf schriftliche Leistungsvereinbarungen legen, die als „magische Handlung" den Grad der Selbstverpflichtung steigern.

Natürlich scheint nicht jeder Mitarbeiter für die Aufgabe als Markenbotschafter gleich gut geeignet. Manche müssen sich zunächst eine Social-Media-Präsenz aufbauen, andere haben Nachholbedarf in der Content-Produktion, wieder andere haben Unsicherheiten bezüglich der Rechtsfragen.

In Abschn. 2.3 finden Sie einen Lehrplan für die „Botschafter-Schule", aus dem die Kernkompetenzen für Corporate Influencer ersichtlich sind. Der Wissensstand und der Erfahrungsschatz von Mitarbeitern sind in der Regel sehr unterschiedlich ausgeprägt. Sie benötigen daher Mentoren und Coaches, die ihre individuellen Defizite ausgleichen, Sicherheit verleihen und die Weiterentwicklung unterstützen.

Umsetzung

Die Kunst der kleinen Schritte – wenn Sie ein Corporate-Influencer-Programm ins Leben rufen wollen, sollten Sie mit einem kleinen, aber abteilungsübergreifenden Pilotprojekt starten. Projekte haben den Vorteil, dass Sie die für die Zielerreichung benötigten Kosten und Ressourcen in einem klar definierten Zeitrahmen eruieren können. Die Lerneffekte, die Sie mit einem Pilotprojekt erzielen, ermöglichen wesentlich einfachere Entscheidungen im späteren Vollbetrieb.

Zentral wird die Frage sein, wie die redaktionellen Abläufe eines Corporate-Influencer-Programms nachhaltig bewältigt werden können. Um die Effektivität eines Programms hinsichtlich der verbreiteten Botschaften und der Reichweite zu maximieren, braucht es viel Austausch.

Ich bin hier Befürworter des Newsrooms-Modells, das in den vergangenen Jahren zunehmend die Unternehmenskommunikation erobert hat. Ein Corporate Newsroom ist per Definition eine räumlich zusammengefasste Steuerungseinheit, in der getrennte Verantwortlichkeiten für Themen und Kanäle existieren (Moss 2016, S. 36). Diese Trennung macht auch für Markenbotschafter-Programme Sinn: Die Themenplanung ist eine strategische Aufgabe, die in den Händen des Kommunikationsmanagements liegt. Die Corporate Influencer bilden in ihrer Gesamtheit den Mediendesk, der sich um die Verbreitung der Inhalte kümmert.

▶   Natürlich darf diese Konstruktion keine Einbahnstraße sein: Eine bloße Verordnung von Themen, die kommuniziert werden sollen, wird nicht funktionieren. Die Vorgaben sollten lediglich eine strategische Leitplanke bilden, an der sich Corporate Influencer orientieren können, um nicht von der Straße abzukommen.

Was Sie aus diesem *essential* mitnehmen können

- Verständnis für eine aufstrebende Disziplin: Sie kennen die Bedeutung von Corporate-Influencer-Programmen für die Unternehmenskommunikation.
- Auf Linie: Sie wissen, wie markenkonformes Verhalten in Ihrem Unternehmen bewerkstelligt werden kann.
- Instrumente: Sie haben einen Überblick über die wichtigsten Tools für Employee Advocacy und können ihre Sinnhaftigkeit richtig einschätzen.
- Markenbotschafter und ihre Rollen: Sie begreifen die Bedeutung von Archetypen als Vorbilder für Ihre Corporate Influencer.
- Der Organisationskompass: Sie verstehen, welche Aufgaben es in einem Corporate-Influencer-Programm zu bewältigen gilt.

© Springer Fachmedien Wiesbaden GmbH, ein Teil von Springer Nature 2020 41
M. Sturmer, *Corporate Influencer,* essentials,
https://doi.org/10.1007/978-3-658-27870-0

Literatur

Bailey C (2015) Employee advocacy: marketing engine for the future. Cisco Blogs, 21. September 2015. https://blogs.cisco.com/socialmedia/employee-advocacy-marketing-engine-of-the-future. Zugegriffen: 22. Juli 2019

Bergk A, Slomian P (2018) Corporate Influencer: Warum der Geschäftsführer nicht immer die Hauptrolle spielen muss. In: Schach A, Lommatzsch T (Hrsg) Influencer Relations. Marketing und PR mit digitalen Meinungsführern. Springer Gabler, Wiesbaden, S 225–235

Bernazzani S (2018) The decline of organic Facebook reach & how to adjust to the algorithm. Hubspot, 15. Juni 2018. https://blog.hubspot.com/marketing/facebook-organic-reach-declining. Zugegriffen: 22. Juli 2019

Brosseau D (2013) Ready to be a thought leader? How to increase your influence, impact, and success. Jossey-Bass, San Francisco

Bundesverband Digitale Wirtschaft (BVDW) e. V. (2019) Digital Trends: Umfrage zum Umgang mit Influencern. https://www.bvdw.org/fileadmin/user_upload/190404_IM_Studie_BVDW_2019.pdf. Zugegriffen: 22. Juli 2019

Cialdini RB (2017) Die Psychologie des Überzeugens. Wie Sie sich selbst und Ihren Mitmenschen auf die Schliche kommen, 8. Aufl. Hofgrefe, Bern

Cooper A (2004) The inmates are running the asylum. Why high-tech products drive us crazy and how to restore the sanity. Sams, Indianapolis

Davies P (2019) What's in your LinkedIn feed: people you know, talking about things you care about. LinkedIn Newsroom, 25. Juni 2019. https://news.linkedin.com/2019/January/what-s-in-your-linkedin-feed–people-you-know–talking-about-thi. Zugegriffen: 4. Juli 2019

Denning S (2001) The springboard. How storytelling ignites action in knowledge-era organizations. Butterworth-Heinemann, Oxford

Eck K (2017) Als Botschafter bei der Deutschen Telekom arbeiten. PR-Blogger, 15. Dezember 2017. https://pr-blogger.de/2017/12/15/als-botschafter-bei-der-deutschen-telekom-arbeiten/. Zugegriffen: 20. Juni 2019

Eck K (2019a) Botschafter der Zukunft. PR-Magazin, 6. Juni 2019. http://www.prmagazin.de/meinung-analyse/hintergrund/standpunkt-klaus-eck-062019.html. Zugegriffen: 20. Juni 2019

© Springer Fachmedien Wiesbaden GmbH, ein Teil von Springer Nature 2020   43
M. Sturmer, *Corporate Influencer,* essentials,
https://doi.org/10.1007/978-3-658-27870-0

Eck K (2019b) Corporate Influencer sind eine Riesenchance. Pressesprecher, 16. Juli 2019. https://www.pressesprecher.com/nachrichten/corporate-influencer-vorteile-tipps-risiken-2017522695. Zugegriffen: 20. Juli 2019

Eck K (2019c) Wie die Corporate Influencer der Deutschen Telekom arbeiten. PR-Blogger, 30. Juli 2019. https://pr-blogger.de/2019/07/30/wie-die-corporate-influencer-der-deutschen-telekom-arbeiten/. Zugegriffen: 31. Juli 2019

Edelman Trust Barometer (2019) Global report. https://www.edelman.com/sites/g/files/aatuss191/files/2019-02/2019_Edelman_Trust_Barometer_Global_Report.pdf. Zugegriffen: 19. Juli 2019

Erxleben C (2019) Magdalena Rogl: Wenn der Arbeitgeber alles reguliert, sind die Inhalte hinfällig. Basic Thinking, 11. März 2019. https://www.basicthinking.de/blog/2019/03/11/magdalena-rogl-personal-branding. Zugegriffen: 24. Juli 2019

Esch FR (2016) Identität. Das Rückgrat starker Marken. Campus, Frankfurt a. M.

Esch FR, Knörle C, Strödter K (2014) Internal Branding. Wie Sie mit Mitarbeitern die Marke stark machen. Vahlen, München

Flaig BB, Barth B (2017) Hoher Nutzwert und vielfältige Anwendung: Entstehung und Entfaltung des Informationssystems Sinus-Milieus®. In: Barth B, Flaig BB, Schäuble N, Tautscher M (Hrsg) Praxis der Sinus-Milieus®. Gegenwart und Zukunft eines modernen Gesellschafts- und Zielgruppenmodells. Springer VS, Wiesbaden, S 3–21

Gallup GmbH (2017) Engagement Index Deutschland. D-A-CH Vergleich. http://news.gallup.com/file/poll/220685/DACH_Vergleich_SGWP_final.pdf. Zugegriffen: 24. Juli 2019

Heilmann I (2019) Authentische Stimme aus dem eigenen Haus. Markenartikel 1–2:47–49

Hein D (2018) Mehrheit der Deutschen steht Influencern skeptisch gegenüber. Horizont, 7. Dezember 2018. https://www.horizont.net/marketing/nachrichten/umfrage-zur-hype-disziplin-das-halten-die-deutschen-wirklich-von-influencern-171586. Zugegriffen: 18. März 2019

Hencke J (2015) Krisenkommunikation aus dem Jahre Schnee am Beispiel @3Oesterreich. Schneeengel-Blog, 29. Juli 2015. http://schneeengel.de/blog/krisenkommunikation-aus-dem-jahre-schnee-am-beispiel-3oesterreich/. Zugegriffen: 23. Aug. 2019

Hoffmann K (2017) Lotsen in der Informationsflut. Erfolgreiche Kommunikationsstrategien mit starken Markenbotschaftern aus dem Unternehmen. Haufe, Freiburg

Jessl R, Scheuermann A (2018) Themenbotschafter sind die besseren Markenbotschafter. Absatzwirtschaft 11:44–47

Jung CG (2017) Die Archetypen und das kollektive Unbewußte, 6. Aufl. Patmos, Ostfildern

Keller S, Price C (2011) Beyond performance. How great organizations build ultimate competitive advantage. Wiley, Hoboken

Kernstock J (2012) Behavorial Branding als Führungsansatz. In: Tomczak T, Esch F-R, Kernstock J, Hermann A (Hrsg) Behavorial Branding. Wie Mitarbeiterverhalten die Marke stärkt, 3. Aufl. Gabler, Wiesbaden, S 4–33

Kim WC, Mauborgne R (2016) Der Blaue Ozean als Strategie. Wie man neue Märkte schafft, wo es keine Konkurrenz gibt, 2. Aufl. Hanser, München

Klien I (2019) Der Organisationskompass in Coaching und Beratung. Einzelne, Teams und Organisationen ganzheitlich, werteorientiert und lebendig begleiten. Beltz, Weinheim

Kobler F (2019) Priester begeistert mit YouTube-Videos. ORF.at, 20. Juli 2019. https://wien.orf.at/stories/3002975/. Zugegriffen: 21. Juli 2019

Kotler P, Kartajaya H, Setiawan I (2010) Die neue Dimension des Marketings: Vom Kunden zum Menschen. Campus, Frankfurt a. M.

Mak A (2019) Amazon workers are denouncing unions by using suspiciously similar tweets, but it's apparently not coordinated. Slate, 6. Februar 2019. https://slate.com/technology/2019/02/nyc-hq2-amazon-fulfillment-center-union-tweets.html. Zugegriffen: 25. Juni 2019

Marten N, Kirchmeer E (2018) Mit Leidenschaft anstecken und für den E-Commerce begeistern – Coporate Influencer bei OTTO. In: Schach A, Lommatzsch T (Hrsg) Influencer Relations. Marketing und PR mit digitalen Meinungsführern. Springer Gabler, Wiesbaden, S 277–284

Moss C (2016) Themenorientierte Steuerung: Das Newsroom-Modell in der Unternehmenskommunikation. In: Moss C (Hrsg) Der Newsroom in der Unternehmenskommunikation. Wie sich Themen steuern lassen. Springer VS, Wiesbaden, S 35–57

news aktuell GmbH (2019) Trendreport 2019. Hamburg, news aktuell GmbH

Nink M (2018) Engagement Index Deutschland 2018. Präsentation zum Pressegespräch am 29. August 2018 in Berlin. https://www.das-felix-prinzip.com/Gallup%20Engagement%20Index%202018.pdf. Zugegriffen: 24. Juli 2019

Onaran T (2019) Die Netzwerkbibel. Zehn Gebote für erfolgreiches Networking. Spinger, Wiesbaden

PR-Werkstatt (2018) Corporate Influencer. Wie Mitarbeiter zu Botschaftern werden. Oberauer, Eugendorf

Rentz I (2018) Warum dieser Online-Marketer nicht mehr mit Influencern arbeiten will. Horizont, 12. Dezember 2018. https://www.horizont.net/marketing/nachrichten/enttaeuscht-vom-hype-warum-dieser-online-marketer-nicht-mehr-mit-influencern-arbeiten-will-171697. Zugegriffen: 18. März 2019

Ries A, Trout J (2012) Positioning. Wie Marken und Unternehmen in übersättigten Märkten überleben. Vahlen, München

Schneider W (1996) Die Sieger. Wodurch Genies, Phantasten und Verbrecher berühmt geworden sind. Piper, München

Schwenke T (2019) Mitarbeiter als Markenbotschafter. Rechtstipps für betriebliches. Influencer-Marketing. Dr. Schwenke, 3. Mai 2019. https://drschwenke.de/mitarbeiter-markenbotschafter-influencer-marketing-recht-tipps/. Zugegriffen: 3. Juli 2019

Shea M (2019) The Forester new wave™: social sales engagement tools, q2 2019. The eight providers that matter most and how they stack up. Forrester Research, Cambridge

Social Media Week Hamburg (2019) Employee Advocacy: Die Chancen und Risiken des unternehmenseigenen Influencers. YouTube, 12. Juni 2019. https://www.youtube.com/watch?v=-xlY9W_v4Nc. Zugegriffen: 14. Juni 2019

Spangenberg T (2019) Wie erfolgreich sind meine Corporate Influencer? Pressesprecher, 23. Juli 2019. https://www.pressesprecher.com/nachrichten/wie-erfolgreich-sind-meine-corporate-influencer-2106107602. Zugegriffen: 24. Juli 2019

Sturmer M (2018) Profilierung. Mit intelligentem Marketing zum gefragten Experten. Springer Gabler, Wiesbaden

Walter A (2019) Wie Corporate Influencer wirken – und wie nicht. Pressesprecher, 22. Mai 2019. https://www.pressesprecher.com/nachrichten/wie-corporate-influencer-wirken-und-wie-nicht-1350044328. Zugegriffen: 14. Juni 2019

Wentzel D, Tomczak T, Kernstock J, Brexendorf T, Henkel S (2012) Der Funnel als Analyse- und Steuerungsinstrument von Brand Behavior. In: Tomczak T, Esch F-R, Kernstock J, Hermann A (Hrsg) Behavorial Branding. Wie Mitarbeiterverhalten die Marke stärkt, 3. Aufl. Gabler, Wiesbaden, S 82–99
Witty A, Shelton R (2018) Authority marketing. How to leverage 7 pillars of thought leadership to make competition irrelevant. ForbesBooks, Charleston
Zuckerberg, M (2018) Facebook Posting vom 11. Januar 2018. https://www.facebook.com/zuck/posts/10104413015393571. Zugegriffen: 18. März 2019